Sabine Marya
Schmetterlingsflügel

Für alle Menschen, die bereit sind, sich dem Thema Sterben und Sterbebegleitung zu stellen.

Für alle Menschen, die Sterbende begleiten.

Ganz besonders aber für Gika, zum Abschied.

Sabine Marya

SCHMETTERLINGS-FLÜGEL

Eine Sterbebegleitung

Engelsdorfer Verlag

Bibliografische Information durch
Die Deutsche Bibliothek:
Die Deutsche Bibliothek verzeichnet diese Publikation in der Deutschen Nationalbibliografie; detaillierte bibliografische Daten sind im Internet über http://dnb.ddb.de abrufbar.

ISBN 3-939144-67-3
(ISBN 978-3-939144-67-0 ab 1.1.2007)

Hergestellt in Leipzig, Germany (EU)
www.engelsdorfer-verlag.de

7,00 Euro (D)

Für Gika.

Danke,
dass ich Dich
gekannt habe!

Wir sind stolz auf sie und dankbar,
dass wir sie in unserem Leben hatten.

„Die Zeit,
die du für deine Rose verloren hast,
sie macht deine Rose so wichtig."

(Antoine de Saint Exupéry:
Der kleine Prinz)

Mit gleichmäßig rhythmischen Bewegungen schob sich die Raupe gemächlich über den leicht schwankenden Ast.
So, als ob sie alle Zeit der Welt hätte. Als ob Zeit in ihrem Raupen-Dasein keine Rolle spielte, sondern nur ein Auftakt war, die Ouvertüre. Und der Kokon wäre der Vorhang, der sie von der Welt draußen trennen würde. Und dann, wenn die Zeit reif wäre, würde sich der Vorhang öffnen, für das große lebendige Leben?

* * *

In der Ferne schlug die Kirchenuhr Mittag. Ich war schon viel zu spät dran!
Im Galopp hastete ich durch den Eingang, an dem Pförtner vorbei, die Treppen hoch.

„Station 8" stand auf der Glastür.
Die Krebsstation. Jeder im Haus wusste es, und doch wollten es manche der Patienten nicht wahrhaben, wo sie gelandet waren.

Eilig stieß ich die Stationstür auf und stürzte in den Umkleideraum. Schnell in die weiße Kleidung schlüpfen und zum Stationszimmer eilen.
Ein vernichtender Blick von der Stationsschwester traf mich. Das war jetzt das zweite Mal diese Woche. Wahrscheinlich würde sie mir als Strafe den Spülraum aufbrummen. Sie hatte es das letzte Mal schon angedroht.
Mühsam stammelte ich eine Entschuldigung. Aber Schwester Hannelore schnitt sie mitten im Satz ab: „Susanne, wir sind bei der Übergabe!" Ohne mich eines weiteren Blickes zu würdigen, fuhr sie fort ...

Was für eine schreckliche Geschichte! Die beiden, er und der Krebs, hatten einen erbarmungslosen Kampf ausgetragen, aber nun war es offensichtlich, dass der Krebs dieses Rennen gewinnen wird.
Krebs, dieses hinterlistige Monstrum, das sich in dem Menschen Orte zum Wohnen aussucht, zuerst ganz unauffällig und harmlos, und dabei alles Gesunde um sich herum verdrängt oder mit seiner Bösartigkeit vereinnahmt und verschlingt. Seit 20 Jahren kämpfte er gegen dieses Monstrum, das immer neue Wege gefunden hatte, ihn zu zerstören, und seitdem war er immer mal wieder Gast auf dieser Station gewesen.
Es hatte ihm bereits den Kehlkopf und Teile von Speiseröhre, Magen und Lunge gekostet, und jetzt waren trotzdem Lunge und Knochen voller Metastasen. Für Chemotherapie war es zu spät, und er war zu schwach, um alleine zu Hause zu bleiben ...

„Er liegt in Zimmer 6, alleine", sagte Schwester Hannelore. „Ich will, dass er alleine bleiben kann, bis zum Schluss. Es wird niemand da rein geschoben. Wir werden seine Atemnot und die Verschleimung so gut wie möglich lindern. Er wird bei Bedarf abgesaugt, und wir werden alles tun, um ihm diese letzte Zeit zu erleichtern. Es sind keine Angehörigen da. Ich möchte, dass wir ihm sehr viel Aufmerksamkeit widmen und auch zwischendurch bei ihm rein schauen werden. Das Material bei ihm wird täglich neu aufgefüllt, und die Schwesternschülerinnen..." Dabei schaute sie auf Marina und mich. „... werden täglich bei ihm Nachttisch und Fensterbank abwischen. Du, Susanne, fängst nach der Übergabe bei ihm damit an. Aber glaube ja nicht, dass ich die Sache mit dem Spülraum vergessen habe!"

Ich spürte Röte in meinem Gesicht aufsteigen und nickte nur stumm.

Vor der Zimmertür zögerte ich kurz.
Ich spürte meine Unsicherheit und das Aufsteigen von Angst. Die Menschen hier waren alle sehr schwer krank.
Aber noch nie bin ich in diesem Vierteljahr, in dem ich nun hier war, mit einem Patienten konfrontiert worden, der im Sterben lag. Die anderen Patienten hier bekamen ihre Chemotherapie, ihre Bestrahlungen, und sie hofften auf Heilung.
Doch dieser Mann lag hier, um zu sterben.
Mühsam versuchte ich, den Kloß hinunter zu schlucken, der sich in meinem Hals festgesetzt hatte. Plötzlich wünschte ich, dass sie mich besser in den Spülraum geschickt hätte!
„Susanne!“, ertönte hinter mir die Stimme von Inga, der Seitenschwester. „Bist du da fest gewachsen? Soll ich den Chirurgen rufen?“
Erschrocken zuckte ich zusammen. „Nein, nein, ich geh ja schon ...“ Mit einem Zittern in den Händen klopfte ich an und drückte die Klinke hinunter.

Er hatte das Zimmer mit dem großen Südfenster bekommen, das den Blick frei gab auf die riesige Ulme. Durch die sich durch das Baum- und Blättergewirr hindurch tastenden Sonnenstrahlen und dem silbrigverwunschenen Hauch, der sich zwischen den Blättern brach, wirkte die Ulme wie ein großer, alter Märchenbaum, auf dessen Zweige sich kleine Elfen sanft vom Wind schaukeln ließen und so das ganze Zimmer in eine eigenartig märchenhafte Atmosphäre tauchte.

Der Patient auf dem Bett wirkte dabei wie ein aufgebahrter Schneewittchen-Mann, trotz der Magensonde, die in seinem linken Nasenloch steckte. Bis auf seinen leicht rasselnden Atem und das Zwitschern der Vögel von draußen war kein Laut zu hören. Das Zimmer schien abgetrennt von dem Rest der Welt, ohne Fernseh- und Radiogeräusche oder das Gemurmel von Menschen.
Der Mann sah mich an, und dabei hatte ich tatsächlich das Gefühl, dass er mich sah. Seltsam...
Meine Stimme krächzte und schlug Purzelbäume, als ich mich vorstellte: „Susanne. Ich bin Schwesternschülerin."
Er nickte nur stumm und reichte mir seine blasse, schmale Hand.
Ich wartete darauf, dass er nun auch etwas sagen würde, aber es kam kein Wort über seine Lippen. Stumm sah er mich an.
Unter diesem Blick fühlte ich mich scheußlich unwohl! Schnell entwand ich meine Hand, die plötzlich schweißnass wurde. Meinen ersten Impuls, aus dem Zimmer zu fliehen, unterdrückte ich mühsam. Ich versuchte, alle unangenehmen Gefühle von mir weg zu schieben. Statt dessen lenkte ich mich mit dem Putzen seiner Fensterbank und meinem Ärger auf Schwester Hannelore ab.
„Was hatte die sich nur dabei gedacht, dass wir hier putzen sollen? Wir sind doch keine Putzfrauen!"

Unangenehm spürte ich dabei seinen Blick im Nacken, und gleichzeitig baute sich das Schweigen im Zimmer auf. Monströs, wie eine Wand. Verzweifelt versuchte ich, die Stille auszufüllen. Ich stellte Fragen, verstrickte mich in Phrasen und Platituden, die mir selber immer

hohler und unbedeutender vorkamen. Doch ich entlockte ihm keinen Ton, nur manchmal ein belustigtes Lächeln oder einen traurigen Blick.
Irgendwann brach ich verzagt ab. Am liebsten hätte ich geweint und ihm erzählt, wie schlimm ich mich von seinem Verhalten gekränkt fühlte. Aber nein, diese Blöße wollte ich mir nicht geben! Ich beschloss, so schnell wie möglich den Nachtschrank abzuwischen und dann aus diesem Zimmer eiligst zu verschwinden.

Aber plötzlich ertönte ein pfeifendes Geräusch. Erschrocken drehte ich mich um zu ihm.
Der Mann hustete und rang gleichzeitig keuchend nach Luft, während sich die Lippen und das Gesicht rasend schnell blau verfärbten. Panik und Entsetzen ergriffen mich.
Im gleichen Moment stürzte Schwester Inga ins Zimmer. „Hast du geklingelt?", fragte sie mich, während sie routiniert nach dem Absaugschlauch griff. Dabei schob sie gleichzeitig das Halstuch beiseite, um die Trachea-kanüle frei zu legen und begann mit dem Absaugen.
Ich schüttelte mit dem Kopf und zeigte stumm auf Herrn Kühl.
„Haben Sie gut gemacht!", murmelte die Schwester und strich ihm über das Gesicht, in das langsam wieder eine normale Färbung zurück kehrte.

Ich nahm meinen Putzeimer mit und folgte der Frau nach draußen in den Flur. Meine Beine und Hände zitterten.
„Warum hat er nichts gesagt?" stieß ich hervor.
„Dummerchen, weil er nicht sprechen kann."

„Aber er hat die Kanüle doch schon so lange. Die anderen sprechen doch auch, oder sie benutzen den Apparat."
„Er hat sich damals geweigert, das Sprechen zu lernen oder das Gerät zu benutzen."
„Aber wie verständigt er sich dann? Schreibt er auf, was er will?"
„Mit Zeichensprache. Und wer ihn nicht versteht, hat dann eben Pech gehabt ..."

Den Rest des Tages gelang es mir, seinem Zimmer fern zu bleiben, und am Abend verdrängte ich jeden Gedanken an diesen Mann und sein Sterben aus meinem Kopf.

* * *

Inga schickte mich am nächsten Tag nach der Kaffeepause in sein Zimmer. „Du kannst da Material auffüllen und schauen, ob du ihm was Gutes tun kannst."
Ich klammerte mich an den Tupfern fest und war froh, das Zimmer nicht mit leeren Händen betreten zu müssen.

Ruhig lag Herr Kühl auf seinem Bett. Sein Gesicht war dem Spiel des Sonnenlichtes im Baum zugewandt. Bei meinem Eintreten schaute er zu mir, und in seinen Augen spiegelte sich Erkennen. Er reichte mir seine Hand zur Begrüßung.
„Herr Kühl..." Ich wusste gar nicht, was ich sagen sollte. Ich hatte noch nie zuvor mit einem sterbenden Menschen gesprochen. Mühsam räusperte ich mich und begann erneut: „Herr Kühl..." Und wieder blieb

ich stecken, mitten im Satzanfang. Ich spürte, wie meine Hand wieder schweißig wurde und wie die Unsicherheit mich wieder in ihren Krallen hatte.
„Ich weiß gar nicht, was ich sagen soll!" sprudelte es plötzlich aus mir heraus. „Und ich wusste auch gar nicht, dass Sie nicht sprechen können. So was hab ich noch nie erlebt. Ich..."
Der Mann drückte meine Hand, kurz und liebevoll, und ich verstand auf eine eigenartige Weise, dass es für ihn keine Bedeutung mehr hatte, was gestern war, dass nur das Heute zählte.

Stumm füllte ich das Material bei ihm im Regal auf, und dieses Mal hatte das Schweigen nichts Bedrohliches an sich, sondern existierte einfach nur.
Trotzdem mied ich auch an diesem Tag sein Zimmer für den Rest der Schicht.

Abends verkroch ich mich früh in mein Bett und las in den Büchern von Elisabeth Kübler- Ross. Alles, was sie sagte, klang so einfach, und doch zweifelte ich: „Bin ich dem Sterben eines Menschen überhaupt gewachsen? Ist dieser Beruf für mich tatsächlich richtig?"

* * *

Am folgenden Tag hatte er wieder in meinem Beisein einen Erstickungsanfall. Wie beim letzten Mal klingelte er, und eine der Schwestern war innerhalb kürzester Zeit bei ihm.
Ich schaute ihren sicheren und routinierten Handgriffen zu und folgte dann der Schwester aus dem Zimmer. „Ich will das Absaugen auch lernen, so schnell wie möglich!"

„Das zeigen wir erst den Schülern ab dritten Kurs.“
„Und wenn etwas passiert, wenn ich bei ihm bin?“
„Er merkt das immer rechtzeitig, und dann klingelt er.“
„Trotzdem, ich will es unbedingt schon jetzt lernen!“
„Das musst du mit Schwester Hannelore besprechen...“

Abends ging ich noch einmal zu ihm ins Zimmer. Einfach so, ohne einen bestimmten Grund, einfach aus einem Impuls heraus, als ich an seiner Tür vorbei gekommen war.
„Hallo, ich wollte nur mal rein schauen...“
Er lächelte, und dann zeigte er auf den Baum. Ein Vogelpärchen hockte dort, auf einem der Äste, eng aneinander geschmiegt.
Einen Moment stand ich neben seinem Bett und schaute mit ihm aus dem Fenster.
„Es ist ein schöner Baum.“ murmelte ich leise. Herr Kühl nickte ernsthaft. „Als ich das erste Mal dieses Zimmer betreten habe, da kam er mir vor wie ein Märchenbaum ...“ Ich beschrieb ihm das Bild von den kleinen Elfen, und er lächelte, nicht nur mit dem Mund, sondern auch mit den Augen.
Die Elfen waren unsere Brücke geworden. Über sie spazierten wir, um einander begegnen zu können.

* * *

>>„Für mich ist der Weizen zwecklos. Die Weizenfelder erinnern mich an nichts. Aber du hast weizenblondes Haar. Oh, es wird wunderbar sein, wenn du mich einmal gezähmt hast. Das Gold der Weizenfelder wird mich an dich erinnern.“ Und so machte denn der kleine Prinz den Fuchs mit sich vertraut. >>
(Antoine de Saint Exupery: „Der kleine Prinz“)

* * *

Nach anfänglichem Zögern erlaubte die Stationsschwester mir, schon jetzt das Absaugen zu lernen. Schwester Petra erklärte mir die Geräte und nahm mich mit zu Patienten, die routinemäßig abgesaugt wurden. Mühsam überwand ich den Ekel vor dem Sputum und meine Angst zu versagen, mit dem klaren Ziel vor Augen, nicht mehr im Notfall hilflos zu sein.

Schon ein paar Tage später durfte ich die ersten Routine-Absaugungen machen, immer mit einer Schwester neben mir, die korrigierte und anleitete.
Es erfüllte mich mit großem Stolz!

* * *

„Ich habe jetzt absaugen gelernt!“, erzählte ich ihm, nachdem ich es das erste Mal selbständig und völlig fehlerfrei gemacht hatte. Ich spürte Enttäuschung, als von ihm außer einem kurzen Nicken keine Reaktion kam. Mühsam schluckte ich die Enttäuschung und die aufsteigende Wut in mir hinunter, dafür von ihm kein Lob bekommen zu haben. „Ich muss weiter!“, versteckte ich mich hinter anfallenden Arbeiten und ließ mich für diesen Tag in seinem Zimmer nicht mehr sehen. Am Abend zog ich es sogar vor, den Spülraum aufzuräumen, um ihn nicht beim Betten sehen zu müssen.

Gleichzeitig kam ich mir so kindisch vor. „Was erwartest du denn!", schimpfte ich mit mir selber, während ich Nierenschalen reinigte. „Er ist nur ein Patient, ist doch egal, ob er dich lobt!"
Aber der Stachel saß doch tiefer, als ich vor mir selber zugeben wollte.

* * *

Noch am nächsten Tag spürte ich beim Betreten seines Zimmers den aufsteigenden Groll. Ich begrüßte ihn kurz und füllte sein Regal auf. Gleichzeitig spürte ich Ärger aufsteigen, dass für diesen Mann solche Sonderbehandlungen angeordnet waren. Täglich Material auffüllen! So ein Schwachsinn... Bei allen anderen wurde wöchentlich aufgefüllt, und hier...
Plötzlich spürte ich seine Hand auf meinem Arm, die mich in seine Richtung zog.
„Was soll das?" Ich hatte schon davon gehört, dass manche Männer versuchen, uns Schülerinnen anzutatschen. Unwirsch fuhr ich zu ihm herum. Bereit, mir so etwas nicht gefallen zu lassen!
Der Mann ließ meinen Arm los und zeigte auf das Absauggerät. Dann schob er sein Halstuch hoch.
Im gleichen Moment ertönte das pfeifende Geräusch, das mir schon so bekannt war.
„Die Schwester kommt bestimmt gleich!"
Er schüttelte den Kopf. Mühsam rang er nach Atem und zeigte wieder auf das Gerät.

„Haben Sie nicht geklingelt? Sie müssen doch klingeln!“
Seine Lippen hatten sich bereits blau verfärbt.
„Schnell, wir müssen klingeln!“
Ich wollte nach der Klingel greifen, aber er hielt sie fest und schob ungehalten meine Hände davon weg. Mit ungeduldiger Gebärde zeigte er auf das Gerät.
„Bitte, klingeln Sie! Sie ersticken sonst!“
Wieder ein Kopfschütteln, während sich der Oberkörper aufbäumte und auch das Gesicht sich blau verfärbte.
„Warum tun Sie das? Bitte ... Lassen Sie mich klingeln!“
Kopfschütteln. Ein verzweifeltes Ringen um Luft.
Er würde ersticken, wenn ich nicht sofort handeln würde. Und ich spürte, dass er das ganz genau wusste.

Mit zitternden Händen und Tränen in den Augen griff ich nach dem Absaugschlauch und der Sauerstoffsonde.
Dies hier war kein Routineeingriff, hier ging es um Leben und Tod. Es war zu viel, an Verantwortung, für mich. Aber es war zu spät, um hinaus zu laufen und Hilfe zu holen.
Ich hatte keine Wahl.
„Selbst schuld, das kommt von dieser Angeberei!“, schimpfte ich mit mir, während ich mit zitternden Händen die eingeübten Griffe ausführte.
Während das Gurgeln und Pfeifen allmählich verebbte und die bläuliche Verfärbung wieder verschwand, strich der Mann mir beruhigend über meine immer noch zitternden Hände.

Erschöpft ließ ich mich schließlich neben ihm auf den Stuhl fallen. Erst jetzt spürte ich das Zittern in meinen Beinen und meinen beschleunigten Pulsschlag.

Langsam beruhigten sich meine Hände in seinen.
Tief seufzte ich auf. „Ich habe es geschafft, verdammt, ich habe es geschafft!“
Ein großartiges Glücksgefühl durchströmte mich jetzt.
Und er nickte und lachte mich an.
Das war mein schönstes Geschenk an diesem Tag!

* * *

Seit jenem Vorfall hatte ich die Scheu vor ihm und seinem Kranksein verloren.
Ich konnte jetzt mit ihm umgehen wie mit einem mir schon lange vertrauten Menschen, vor dem ich nicht mehr zurück schreckte.
So oft ich es einrichten konnte, schaute ich nun kurz in sein Zimmer und setzte mich, wenn die Zeit es zuließ, für einen Moment an sein Bett. Gemeinsam beobachteten wir schweigend das Spiel der Blätter in dem sanft rauschenden Regen oder im flirrenden Sonnenlicht. Manchmal setzte sich ein Vogel auf einen der Äste und schaute mit seinen Knopfaugen zu uns ins Zimmer hinein, und einmal hatte sich ein bunter Schmetterling in diese Höhe verirrt. Mit ausgebreiteten Flügeln saß er da und ließ sich von dem Sonnenlicht liebkosen, bis es ihn schließlich wieder zurück zog zu den bunten Blumen auf der Erde, in deren Kelche er eintauchen und den Nektar, den ihm die Natur zum Geschenk machte, genießerisch ausschlürfen konnte.

Im Laufe der folgenden Tage wurde sein Zimmer für mich zu einer Oase, in der ich fern vom Stationstrubel Ruhe und Frieden fand.

* * *

Herr Kühl wurde zusehends schwächer.
Anfangs hatte er es noch geschafft, den Toilettenstuhl zu benutzen. Doch schließlich gelang es ihm auch nicht mehr mit unserer Hilfe, aufzustehen.
Die Kräfte ließen zusehends nach, und mit ihnen schwand auch die Kontrolle über Darm und Blase. Wir mussten ihn nun mehrmals am Tag wickeln.
Mit einer Gelassenheit, die mich immer wieder auf ein Neues erstaunte, nahm er alles hin, den Abbau seiner Kräfte, den körperlichen Verfall, die Zunahme der notwendigen Pflege. Auf eine beeindruckende Weise hatte er Frieden geschlossen, mit seinem Schicksal.

* * *

An manchen Tagen war die Nähe des Todes fast greifbar zu spüren, und an anderen Tagen war er wieder wach und deutlich klarer.

Nie wusste ich am Ende der Schicht, in welchem Zustand er bei unserer nächsten Begegnung sein würde - oder ob es überhaupt noch eine Begegnung geben würde.
Der Gedanke daran versetzte mir einen Stich. Ich würde etwas verlieren, etwas, was mir ans Herz gewachsen war: Zeit mit ihm gemeinsam. Plötzlich wurde es immer deutlicher: Ich hatte Angst, vor seinem Tod, vor dem Verlust!

Ich versuchte, mit Freundinnen darüber zu reden, aber sie begriffen es nicht.
„Susanne, er ist doch nur ein Patient. Da musst du Abstand zu haben. Lenk dich ab, mach was anderes! Denk nicht immer an die Arbeit. Du musst unbedingt abschalten.“

Abschalten.
Wie ein Automat?
Dienstanfang: Mitgefühl ein.
Dienstende: Mitgefühl aus.
Das Menschsein mit dem weißen Kittel abstreifen. Nur noch funktionieren ...

Nichts wollten sie hören, draußen.
Nicht nur von ihm, sondern von allem, was sich täglich abspielte auf der Krebsstation.
Von den alltäglichen Geschichten, von meinen Erlebnissen, von meinen persönlichen Gedanken und Gefühlen.

Davon spricht man nicht!
Niemand spricht davon ...

Das Leid, die Angst, die Tränen, körperlicher Verfall, Entstellung, Sterben, Tod.
Alle diese Themen sind tabu.

Sie sollten weiterhin weg gesperrt bleiben, hinter der Glastür mit der Aufschrift „Station 8“.
Und wenn man diese Tür passierte, war schon die erste Schranke geschlossen.
Die Patienten auf der 8 waren anders als die von der chirurgischen und inneren Station. Ihnen allen haftete

bereits ein Hauch des Todes an, der Geschmack von Sterblichkeit.
Von ihnen hielt man sich fern, auch als Patient der anderen Stationen.
Schon im Haus waren sie so abgesondert, wie in einem Ghetto.

Ghetto „Krebsstation".

Und auch wir Pflegenden waren isoliert. Niemand wollte etwas hören, von unseren Gefühlen und Gedanken während dieser Arbeit.
Beim Verlassen des Krankenhauses sollten wir uns dann automatisch den unsichtbaren Maulkorb aufsetzen, der uns daran hinderte, auch nur Andeutungen zu machen.
Von den Belastungen durch seelisches und körperliches Leid der Patienten. Von den eigenen körperlichen und seelischen Belastungen. Von den Gerüchen und dem Anblick von Kot, Sputum, Urin, Erbrochenem. Von den Berührungen mit fremder nackter Haut. Vom Waschen fremder intimster Bereiche, die sonst vor allen Blicken verborgen sind. Von den eigenen Scham- und Schuldgefühlen, von der eigenen Angst, von dem eigenen gelegentlichen Gefühl der Überforderung, Hilflosigkeit und Ohnmacht.

Niemand will es hören. In dieser „schönen" Welt.

Dabei wollte ich einfach nur mit jemandem reden, über ihn, über sein Sterben, dass er es nicht verdient hatte, so krank zu sein, über mein Gefühl eines drohenden Verlustes.
Ich fühlte mich so einsam.

* * *

In meiner Not wandte ich mich schließlich nach ein paar Tagen an Schwester Hannelore und schüttete ihr mein Herz aus.
Sie nahm sich trotz der vielen Arbeit auf Station die Zeit und Ruhe, die ich brauchte, um lange und ausführlich mit mir zu reden: „Wenn wir einen Menschen begleiten, der uns persönlich berührt hat, dann geht auch immer ein Stück von uns, wenn dieser Mensch geht. Dabei spielt es manchmal keine Rolle, dass dieser Mensch ein Fremder ist, den wir erst hier auf der Krebsstation kennen gelernt haben.
Es ist ein Verlust, und das tut weh.
Doch es bleibt auch ein Stück von ihm, in uns, und das ist das große Geschenk, das uns Sterbende geben. Wir werden uns erinnern, und wenn der Schmerz nachlässt, dann bleibt das Schöne zurück, in uns. Nimm dich und deine Gefühle ernst, Susanne, und spüre, wie weit du in der Lage bist, ihn zu begleiten, wie weit es für dich und ihn wichtig ist, letzte Begegnungen zu haben.
Aber sei auch bereit, diesen Menschen gehen zu lassen, wenn seine Zeit gekommen ist.
Susanne, du kannst immer zu mir kommen, wenn du jemanden zum Reden brauchst ...“

* * *

Es war einer der Vormittage, an denen er besser bei Kräften war, als ich bei ihm ins Zimmer schaute.

Er zeigt auf einen der Wandschränke. Ich öffnete die Tür und schaute ins Innere, aber dort war nichts zu sehen außer einer angebrochenen Rotweinflasche und

Zellstofftüchern, von denen er noch genug auf dem Nachtschrank liegen hatte.
„Was meinen Sie nur?“
Ärgerlich wedelte Herr Kühl mit seiner Hand und zeigte dabei weiter auf den Schrank.
„Da ist nichts ...“, murmelte ich.
Verärgert versuchte der Mann, sich aufzurichten. Aber schon diese Bewegung verursachte ihm heftige Atemnot. Mühsam rang er nach Atem.
Zum Glück hatte ich im Umgang mit den Geräten inzwischen wesentlich mehr Routine! Ohne Angst saugte ich ihn ab und gab ihm Sauerstoff.
Anschließend tastete ich mich behutsam an seinen Wunsch heran und stellte Fragen. Es war schwierig! Immer wieder wurde er ärgerlich, verstärkte dann Gestik und Mimik und hatte dann Sauerstoffprobleme. Irgendwann ahmte er mit der Hand die Bewegung beim Trinken nach.
„Der Rotwein? Ich soll den Rotwein holen?“ Irritiert sah ich ihn an.
Er nickte und ließ sich dann erleichtert in die Kissen zurück fallen.
Verwirrt nahm ich die Flasche aus dem Schrank und brachte sie zum Nachtschrank. „Und jetzt?“
Wieder gestikulierte er unruhig herum.
Ärger stieg in mir hoch. Warum, verdammt noch mal, konnte dieser Mann nicht einfach aufschreiben, was er wollte?! Was für eine Verschwendung von Zeit, was für eine Bockigkeit von diesem Mann... Ich empfand das Ganze zunehmend als eine Zumutung. Und da sollte ich dann noch nett und geduldig bleiben?
Mühsam hangelte der Mann sich hoch und beugte sich zum Nachtschrank. Er griff nach der großen Sondenspritze und drückte sie mir in die Hand. Danach

zeigte er auf die Flasche und fiel dann keuchend zurück ins Bett.
Jetzt fühlte ich mich völlig konfus. „Sie meinen“, versuchte ich, jetzt einfach drauf los zu raten, in der Hoffnung, damit nicht schon wieder indirekt einen Erstickungsanfall zu provozieren, „ich soll damit jetzt Rotwein aufziehen?“
Er zeigte mit dem Daumen nach oben. Na endlich!
„Und jetzt?“ Unschlüssig stand ich da, mit der gefüllten Spritze in der Hand.
Er zeigte auf den Eingang der Magensonde.
„Den Rotwein da rein?“ Ungläubig starrte ich abwechselnd auf die Spritze in meiner Hand und auf den Nippel, der die Sonde verschloss.
Wieder spürte ich seine Ungeduld.
„Machen die anderen das auch?“ fragte ich zweifelnd.
Genervt verdrehte er seine Augen nach oben und nickte ärgerlich.
Also zog ich trotz meiner Unsicherheit den Sondenstöpsel heraus und steckte die Spritze in die Öffnung. Langsam schob ich die rote Flüssigkeit aus dem Konus in die Sonde. Gemächlich kroch der Wein Richtung Nase und verschwand im Nasenloch. Er lächelte, und mein Ärger auf ihn war wieder verflogen.

Die Mittagssonne strahlte ihm ins Gesicht und vergoldete die Blätter der Ulme. Silbrige Vögel stießen in die unendliche Weite des Blaus und entschwanden schließlich unseren Blicken. Die Luft war heute geschwängert von Fliederduft, der bis in dieses Zimmer seinen Weg gefunden hatte und dabei alle Gerüche von Krankheit und Tod verdrängte.

Ich zog die Spritze aus der Sonde und steckte den Stöpsel wieder in die Sonde.
„Aber sie schmecken den Wein ja so gar nicht!“, entfuhr es mir plötzlich.
Bedauernd nickte er, und ein Schatten legte sich über sein Gesicht.
Im selben Augenblick hatte ich einen Geistesblitz: ich griff nach einem der Wattestäbchen, die für uns für die Mundpflege benutzt werden und tauchte es in die Rotweinflasche.
„Wollen Sie?“ Fragend hielt ich ihm das Stäbchen mit der dunkelroten Spitze hin.
Mit einem verschmitzten Lächeln nahm er es mir ab und führte es zum Mund.

* * *

In den folgenden Tagen verlor Herr Kühl weiterhin an Kraft und Gewicht. Sein Körper wirkte mehr und mehr zerbrechlich, durchscheinend, elfenhaft.

Zeit verrann im Stundenglas, rinnt uns davon, unwiederbringlich. Seine Zeit, meine Zeit, unsere gemeinsame ...
Vergänglichkeit.
Gegenwart, die schon morgen Vergangenheit geworden ist. Gemeinsame Gegenwart, die keine Aussicht auf Zukunft mehr hatte. Nur noch Aussicht auf Heute...

„Nutze die Momente bei ihm! Jeder Augenblick mit ihm ist Leben, mitten in seinem Sterben.“ hatte Schwester Hannelore gestern zu mir gesagt. „Die Zeit mit ihm ist ein Geschenk. Wenn du irgendwann an

diese Zeit zurück denken wirst, dann wirst du dankbar dafür sein, ihn gekannt zu haben!
Menschen wie er sind wie ein Sonnenstrahl, der uns berührt und wärmt!“

* * *

Ein leichter Wind rauschte durch die Ulme und versetzte sie in Wellen flirrender Bewegung.
Manchmal verschleierte sich sein Blick, wenn er den Baum betrachtete, und ein Hauch von Traurigkeit überschattete sein Gesicht, wie die Wiese vom kreisenden Habicht überschattet wird.
Ich saß neben ihm und lauschte mit ihm gemeinsam dem sanften Rauschen der Blätter und den Geräuschen, die aus der Ferne zu uns drangen.
Überall sind Bewegung und Geräusche und Veränderung. Absolute Stille und Stagnation gibt es nur im Tod, das wurde mir zunehmend bewusst. Und der Tod ist es, der uns immer wieder bewusst macht, dass nichts ewig währt, dass wir sterblich sind.

„Auch ich ...“ Der Gedanke daran machte mir Angst. Und doch drängte er sich auf, immer wieder, im Kontakt mit dem Sterben eines Menschen. „Ich bin sterblich. Eines Tages werde auch ich sterben. Eines Tages bin ich tot!“
Ein Schauer durchlief meinen Körper und ich sprang auf. „Es gibt noch so viel zu tun, ich muss wieder raus!“
Ich flüchtete aus dem Zimmer und vor meinen Gedanken, lenkte mich ab. Mit Arbeit, abends mit Kino, hinterher mit Freundinnen Pizza essen gehen, ein Bier dabei trinken. Noch eines, um bleischwer ins Bett fallen zu können.

* * *

Nur zögernd betrat ich am nächsten Tag sein Zimmer. Mein Kopf brummte, und ich hatte schlecht geschlafen. Stumm füllte ich die Tupfer in seinem Regal auf. Herr Kühl schlief.
„Es dauert nicht mehr lange!“, hatte eine der Schwestern bei der Übergabe gesagt.
Betrübt betrachtete ich beim Betten den schwachen Körper, der bald ohne Leben sein würde.
„Und die Seele?“, schoss es mir durch den Kopf. „Wo mag sie hin gehen? Wie mag es ihr ergehen, ohne diesen Körper. Wo wird sie hin gehen, und woher kommt sie?“
Sein Sterben konfrontierte mich erneut unausweichlich mit der Sterblichkeit und einem möglichen Leben nach dem Tod.

„Woran glaube ich? Gibt es einen Gott? Gibt es ein Leben nach dem Tod? Und wenn ja, wie könnte das aussehen?“
Diese Gedanken machten mir plötzlich Angst.
Zu viele ungeklärte Fragen, zu viel Ungewissheit.
Zu wenige Antworten!
Keine Sicherheiten...

* * *

Auch heute mied ich sein Zimmer, wenn es nur möglich war. Es erschien mir alles zu viel, und ich benötigte dringend Abstand.
Fast erleichtert sah ich dem freien Wochenende entgegen.

Nach langer Zeit fuhr ich am Wochenende mal wieder zu meinen Eltern. Ich schlief in meinem alten Jugendzimmer, in dem sich kaum etwas verändert hatte seit meinem Auszug ins Schwesternwohnheim. Die Poster, die ich nicht mit genommen hatte, hingen noch an den Wänden, und auf dem Kleiderschrank saßen noch meine alten Plüschgefährten aus vergangenen Kindertagen. Mutti verwöhnte mich mit meinen Lieblingsspeisen, und Vati nahm sich die Zeit für ein gemeinsames Schachspiel.
Aber trotzdem erschien mir plötzlich alles bei ihnen so seltsam fremd. Die Gespräche mit ihnen wirkten auf mich so oberflächlich, so banal, und doch redete meine Mutter unentwegt, als ob sie der Stille keine Möglichkeit geben wollte, sich Raum zu nehmen.

Mit meiner alten Schulfreundin, die ich seit Ausbildungsbeginn nicht mehr gesehen hatte, erging es mir am Samstagabend ähnlich.
„Was ist mit dir? Du bist so still!“
Ratlos zuckte ich mit den Schultern. Ich wusste es ja selber nicht.
In mir war eine seltsame Unruhe, die ich gar nicht richtig fassen und einordnen konnte. Gleichzeitig verspürte ich zwischen mir und der Schulfreundin einen Graben, der mir unüberwindbar erschien.
Sie erschien mir so fremd, so fern, so kindlich. Noch immer kreisten ihre Gedanken um die Jungen aus dem Dorf und ihre Lieblings- Gruppe, um ihr Aussehen. Da war kein Raum, für anderes...
Schließlich verabschiedete ich mich verfrüht von ihr und stieg den steilen Weg hoch zu der Anhöhe, die schon als Kind mein liebster Platz gewesen war, wenn ich Ruhe und Stille benötigte.

Wie oft hatte ich hier in dieser Abgeschiedenheit gesessen, durch Sträucher vor Spaziergängern auf dem Weg da hinten sicher verborgen. Wie oft schon hatte ich von hier hinunter geschaut, auf unser Dorf.
Die Welt dort unten sah so klein aus, wie ein Spielzeugland mit mechanischen Puppen, Tieren und Fahrzeugen.
Nichts schien sich seit meinem letzen Besuch hier verändert zu haben.
Da war die Frau, die ich im Stillen vor vielen Jahren Anna genannt hatte. Ständig wuselte sie in Haus und Garten herum, putzte, fegte, schrubbte, harkte. Noch nie hatte ich sie auf der Gartenbank sitzen sehen, wie den Alten, der von mir den Namen Otto bekommen hatte.
Was sie wohl dachten? Sie waren sicher schon alt. Ob sie schon ans Sterben dachten? So viele Fragen...

„Oh, Kind!“, hatte meine Oma immer gestöhnt. „Du bringst mich noch ins Grab mit deinen vielen Fragen!“
Sie war früh gestorben, und anfangs hatte ich gedacht, dass es meine Schuld gewesen war ...

Die Schatten der Sträucher und der in das Blau aufragenden Tannen waren kürzer geworden. Ihre Stämme verloren die Farbsprenkel und wurden statt dessen eingetaucht in ein dunkles Schwarz.
Ein kühler Wind durchjagte raschelnd die Äste, fuhr über die auf den vertrockneten Gräsern liegenden Tannenzapfen und abgebrochenen, abgestorbenen Äste. Eine Eule stieß sich mit einem Schrei von einem Ast ab. Sie breitete ihre Schwingen aus und flog davon, hinab ins Tal.

Fröstelnd folgte ich ihr, Richtung Dorf. In manchen Häusern wurden schon die ersten Lichter angeschaltet.

Mutti sah bei meinem Eintreten von ihrem Strickzeug auf und lächelte mir zu. „Du kommst spät. Hattet ihr einen lustigen Abend zusammen?“
Plötzlich fühlte ich mich so erschöpft und einsam. Ich nickte stumm. Sie würde es nicht verstehen. Ich verstand mich ja selber kaum. „Gute Nacht, Mutti. Ich bin müde ...“
„Schlaf gut, Kind ...“

* * *

Es war eine lange Tafel, mit erlesenen Speisen und Kerzen in silbernen Leuchtern.
In einem roten Kleid saß ich an dem gedeckten Tisch.
Plötzlich entdeckte ich, dass das Vorderteil meines Kleides bedeckt war von Wespen und Kellerasseln!
Angst stieg in mir auf. Trotzdem unterdrückte ich meinen ersten Impuls, schreiend aufzuspringen und weg zu laufen. Das würde langfristig nicht helfen, das spürte ich instinktiv...
Behutsam, um die Wespen nicht zum Stechen zu provozieren, erhob ich mich. Achtsam vermied ich dabei jede hastige oder unnötige Bewegung. Vorsichtig schritt ich ins Nebenzimmer.
Mit einem Ruck schüttelte ich dort das Ungeziefer von meinem Kleid ab.
Die Insekten landeten mit ihrem Rückenteil nach unten auf dem Teppich. Unzählige Beine zappelten in der Luft.
Sie waren eine Gefahr, der ich mich stellen musste! Ich hatte die Verantwortung sie unschädlich zu machen.

Suchend sah ich mich nach einer Waffe um oder nach einem großen Netz.
Doch in diesem Augenblick hieben kleine Lego- Drachen ihre Zähne in meine Waden. Anfangs ignorierte ich sie.
Aber dann begannen sie, meine Haut zu verletzen. Kleine Löcher blieben dort zurück, wo ihre Plastikzähne sich in mein Fleisch gebohrt hatten. Winzige rote Tropfen perlten aus den Löchern. Ich konnte die Drachen nicht länger ignorieren!
Jetzt musste etwas geschehen. Ich griff mir einen nach dem anderen und baute ihnen den Unterkiefer ab. Nun waren sie alle unschädlich.
Erleichtert atmete ich auf, bis mich das Brummen und Rascheln auf dem Boden an die Abscheulichkeit auf dem Teppich erinnerte.
Angeekelt starrte ich auf die Insekten. Am liebsten wäre ich jetzt aus dem Zimmer geflohe ... Sofort!
„Du darfst dich nicht immer drücken, Susanne! Du musst dich der Aufgabe stellen. Du bist kein kleines Kind mehr. Du bist erwachsen." Aus dem Nichts dröhnte eine tiefe Frauenstimme zu mir.
„Aber es ist eine so große Verantwortung. Es ist zu viel!" piepste ich. Dabei wurde meine Stimme immer kindlicher, und gleichzeitig begann ich zu schrumpfen. Ich wurde immer kleiner und kleiner.
„Es ist zu viel! Hilfe!" piepste ich. Die Insekten kamen mir plötzlich viel größer vor.
„Susanne, du bist groß und stark! Du musst nur daran glauben!"
Groß und stark ... Mühsam hielt ich mich an diesen Worten fest und stellte dabei verwundert fest, dass ich wieder begonnen hatte zu wachsen. Fast hatte ich meine alte Größe wieder erreicht.

„Wo bleibt das Kaninchen mit der Taschenuhr?", fragte ich.
„Susanne," ertönte die Stimme wieder, „sei nicht albern! Das gibt es hier nicht! Hier gibt es nur deinen Auftrag!"
Wieder wuchs ich ein kleines Stück in die Höhe.
„Wofür bist du da, Susanne?"
Ratlos sah ich mich um, suchte irgendwo nach einem Hinweis, wie ich diese Frage beantworten könnte.
Jemand kicherte, und ich errötete.
„Ich weiß es nicht."
Ein kleines Männchen flog an mir vorbei und tanzte dabei um ein winziges Feuer: „Ach, wie gut, dass niemand weiß..."
„Was war das?" Verwirrt rieb ich mir die Augen. Das Männchen war verschwunden. Vielleicht hatte ich es mir auch nur eingebildet? Es gab keine kleinen Männchen, die an einem vorbei fliegen und um ein Feuer tanzen.
Ach, wie gut, dass niemand weiß?
Eine Frau in weißen Kleidern tippelte durch den Raum. Sie trug ein großes Schild vor sich her: „Mento mori. Bedenke, dass du sterben musst. Carpe diem. Also nutze den Tag."
„Wie denn?" rief ich der Frau hinterher, aber sie ignorierte mich und verschwand durch die Wand.
Ein dickbäuchiger kleiner Mann stellte sich vor mich auf. Um seinen Hals war ein dicker Schal geschwungen. Der Mann putzte seine Brille, setzte sie auf und starrte mich an. „Jede Münze hat zwei Seiten. Die Insekten könnten ein Geschenk sein, an dich. Eine Mutprobe! Eine Talentprobe. Nutze die Gunst der Stunde!" Seine schnarrende Stimme übertönte kaum die Geräusche der Insekten.

Der Mann blies einen Luftballon auf und schwebte davon.
„Ich will nicht sterben!“, rief ich und schob trotzig die Unterlippe vor.
„Zu spät!“ Ein weißes Kaninchen baute sich vor mir auf und zog aus seiner Weste eine Taschenuhr. „Exakt zu spät! Du bist schon geboren!“ Das Kaninchen kicherte schadenfroh. Dann steckte es die Uhr wieder in die Westentasche und hoppelte davon. „Zu spät! Zu spät!“ dröhnte seine Stimme durchs Haus, bis sie leiser und leiser wurde, verhallte und nicht mehr zu hören war.
Das Haus schien plötzlich wie ausgestorben. Ich war allein! Mit diesen Insekten.
Es war eine Riesenverantwortung! Ich spürte die Verantwortung. Aber, das begriff ich auf einmal, es war notwendig, etwas zu unternehmen. Jetzt sofort!
Also ...

* * *

Verwirrt wachte ich auf.
Irgendwo in der Nähe tschilpte ein Vogel, und noch verschlafen antwortete ein anderer. In den Dialog fiel ein dritter ein, und schon bald war der ganze Schwarm emsig ins Gespräch vertieft.

Es tat gut, am Nachmittag wieder ins Schwesternwohnheim zurück zu kehren und die anderen Mädchen aus meinem Kurs wieder zu sehen. In mir war so ein neues Gefühl, nach einer langen Reise wieder zu Hause angekommen zu sein ...

* * *

Wir hatten am Wochenende eine neue Patientin bekommen: Frau Schlüter, eine 85 jährige Witwe. Verbitterung und harte Selbstdisziplin hatten strenge Falten in ihr Gesicht gegraben, und die Last des Lebens hatte sie so sehr gebeugt, dass sie krumm geworden war.
Trotzdem hatte sie mit eisernem Willen versucht, die Fäden in der Familie in der Hand zu behalten und die Kinder nach ihrem Willen tanzen zu lassen, mit ihrer alten Krebserkrankung, die schon neun Jahre zurück lag: „Das kann ich nicht ab. Denkt an meine Gesundheit!"
Doch jetzt waren beide das erste Mal gleichzeitig verreist, trotz ihrer Zornausbrüche und Drohungen: „Wozu das? Ich bin auch nie verreist! Und was, wenn mir etwas passiert? Ihr werdet nie wieder glücklich sein können!"
Sie waren davon geflogen, der Sohn nach Ägypten, die Tochter nach Neuseeland.
Zwei Tage später hatten sich die Blutwerte so massiv verschlechtert, dass der Hausarzt sie am Freitag Nachmittag eingewiesen hatte.
Es war schwierig, die Kinder zu erreichen. Niemand wusste genau, wo sie hinfahren wollten, und Ägypten und Neuseeland waren groß.

So war sie zornig und verbittert, eine anstrengende Patientin, die sich und uns die folgenden Tage das Leben zur Hölle machte. Es stand schlecht um sie. Bis jetzt hatte sie auf die Chemotherapie nicht angesprochen.

„Das ganze Leben ist Scheiße!", stieß sie hervor, als wir ihr Bett machten.

Bei ihren Worten erschrak ich zutiefst. „Aber doch nicht das ganze Leben, Frau Schlüter. Es muss doch auch etwas Schönes gegeben haben!"
„Sie Küken! Haben doch keine Ahnung! Nein, nein, das ganze Leben war Scheiße ..."

In der folgenden Nacht verstarb die Frau.
„Die arme Frau!", sagte Schwester Marga traurig bei der Übergabe. „So verbittert von der Welt zu gehen, ohne mit sich und der Welt Frieden geschlossen zu haben, das gönne ich keinem!"

* * *

Herrn Kühl ging es unverändert, ein Auf und Ab, ohne eine tatsächliche Verbesserung oder Verschlechterung. Er hatte die letzten Tage viel geschlafen.

„Er soll nachher ins CT. Marina und Susanne, ihr könnt ihn nach der Übergabe dort hinfahren ..."

Wir verließen den Fahrstuhl und schoben ihn in seinem Bett den langen Gang entlang, Richtung Untersuchungsraum.

Es geschah ganz plötzlich und unvermutet: aus der Trachealkanüle ertönte ein pfeifender Ton.
Herr Kühl stieß einen gurgelnden Laut aus und griff sich an Hals und Brust. Im gleichen Moment begannen sich schlagartig Lippen und Gesicht blau zu färben. Röchelnd versuchte der Mann, sich aufzurichten und sackte im gleichen Augenblick ohnmächtig zurück.

Panik überfiel uns.
„Er erstickt!“
„Oh, Himmel, schnell in den CT- Raum!“
Schlingernd und tosend zerrten und schoben wir das Bett über den langen Flur, hin zu der blanken Metalltür.
„Schnell, schnell!“, stürzten wir mit dem Bett in den Raum. „Er erstickt!“

Münder wechselten Fachausdrücke.
Für einen Augenblick setzte die Atmung völlig aus. Sofort war das Bett von Leuten in blauen und weißen Kitteln umringt. Routinierte Hände hantierten an seinem Oberkörper und an den Geräten, führten den Absaugschlauch in die Kanüle, setzten ihm eine Sauerstoffmaske auf, legten ihm eine Infusion an.
Zitternd waren wir im Türrahmen stehen geblieben und beobachteten das Geschehen im Raum. Jegliches Zeitgefühl war uns verloren gegangen. Stumm sahen wir zu, wie die bläuliche Verfärbung seines Gesichtes langsam einer fahlen Blässe wich. Die Atmung hatte wieder eingesetzt, zuerst stoßweise, dann gleichmäßiger. Allmählich wurden die Atemgeräusche leiser.
Herr Kühl öffnete die Augen, dann fielen sie ihm sofort wieder zu. Er sah so erschöpft aus, dass der Anblick mir weh tat.

Einer der Männer im blauen Kittel telefonierte kurz. Dann wandte er sich an uns: „Ihr könnt ihn wieder nach oben fahren. Da wird heute kein CT mehr gemacht.“

Achim, der Stationsarzt, wusste schon Bescheid.

Kopfschüttelnd rührte er in seiner Kaffeetasse: „Wozu diese Panik? Wozu dieser Aufwand? Dafür, dass er das in ein paar Tagen noch mal haben wird?"
Schuldgefühle stiegen in mir auf. Und Zweifel. Hätte ich ihn sterben lassen sollen? Auf diese Weise?
Ich wagte nicht, mit jemandem über meine Gedanken zu reden und trug sie statt dessen den Rest des Tages mit mir herum, wie einen zentnerschweren Ballast, der mich niederdrückte und quälte.

* * *

Erst am nächsten Tag redete ich mit Schwester Hannelore darüber.
„Susanne, es gibt kein eindeutiges richtig oder falsch. Alles, was wir machen, kann richtig und falsch zugleich sein.
Genau das macht unsere Arbeit so schwer, und gleichzeitig ist das die Herausforderung an uns, der wir uns immer wieder stellen müssen.
Aber wenn wir uns entschieden haben zu handeln, dann müssen wir das auch mit allen Konsequenzen machen. Wir können nicht jemanden ein bisschen vor dem Erstickungstod bewahren und ihn dann ein bisschen ersticken lassen.
Ich hätte ihn auch nicht ersticken lassen. Das ist ein zu grausamer Tod. Wir wollen hoffen, dass er auf eine leichtere Weise von dieser Welt gehen wird ..."

* * *

Herr Kühl sah noch sehr blass und erschöpft aus. Irgendwer hatte die Infusion abgestellt und ihm die

Braunüle gezogen. Auf seinem Arm klebte ein dicker Tupfer. Das Gewebe darunter war geschwollen.
Er schaute nur einmal kurz auf, als ich ihm über die Hand strich und schlief dann gleich wieder ein.
Jemand hatte ihm ein Windlicht aus kobaltblauem Glas auf den Nachttisch gestellt. Die ihm zugewandte Seite hatte die Form einer strahlenden Sonne. Sanft schimmerte das Licht eines brennenden Teelichtes durch das Glas.

* * *

Die folgenden Arbeitstage zogen in rasendem Tempo an mir vorbei. Ich kam kaum zur Besinnung.
Wir waren knapp mit Personal, wegen der Urlaubszeit, und wir hatten viele Neuzugänge, die Infusionen mit Zytostatika bekamen.
Viele von ihnen hatten schwer mit den Nebenwirkungen zu kämpfen: Erbrechen, Zittern, Schweißausbrüche, Frieren.

Bei einer Frau setzte der Haarausfall schon am nächsten Tag ein. Fassungslos saß sie auf ihrem Bett und starrte auf die Haarbüschel auf dem Kopfkissen. Nach dem Frühstück wollte der Arzt die neue Infusion anlegen, aber sie schüttelte energisch den Kopf.
„Nein! Nichts mehr von diesem Teufelszeug!“
Sie blieb auf der Bettkante sitzen, mit dem Handspiegel in der Hand und betrachtete unentwegt die kahlen Stellen auf dem Kopf. Ihr Gesicht zeigte kein Gefühl.
Keiner von uns Pflegekräften konnte ihr helfen, aus der Erstarrung heraus zu kommen.

„Die wird ihre Sachen packen und gehen“, sagte Achim, unser Stationsarzt voraus. „Es ist ein Jammer, sie hat so gute Werte, eine so gute Prognose! Schon nach der ersten Behandlung hat sie darauf angesprochen...“ Betrübt starrte er aus dem Fenster. Vor dem Hintereingang war gerade ein silbergrauer Wagen des Bestattungsinstitutes vorgefahren. „Ein Jammer ...“

Es war eine unserer Putzfrauen, Lydia, der das Wunder gelang. Wir sahen, dass sie sich zu ihr aufs Bett gesetzt hatte und lange mit ihr ins Gespräch vertieft war. Wir hörten die beiden lachen. Irgendwann sahen wir die Frau weinen. Lydia nahm schließlich ein Taschentuch und wischte ihr wie bei einem kleinen Kind die Tränen weg und putzte ihr die Nase.
Dann kehrte sie pfeifend zu ihrer Arbeit zurück.
Wenig später klingelte die Patientin: „Ich werde es versuchen, trotz der Nebenwirkungen, weiter machen ...“ Ohne neue Widerstände ließ sich die Patientin die nächsten Infusionen anlegen.
„Wie hast du das nur gemacht?“, staunten wir alle.
„Nur geredet, Fotos gezeigt von meine Enkel, erzählt, von kleine Bambino. Leben gezeigt ...“ Lydia lachte fröhlich.
„Sie verdienen einen Orden!“ Achim umarmte die Frau spontan und drückte ihr einen Kuss auf die Wange. „Sie haben gerade einem Menschen das Leben gerettet!“

* * *

Täglich verlor Herr Kühl mehr an Kraft und Farbe. Die meiste Zeit hatte er jetzt die Augen geschlossen.

Er musste nun ununterbrochen Sauerstoff bekommen. Seine Augen lagen in tiefen, dunklen Höhlen, umschattet mit blauschwarzen Rändern. Aber in seine Augen trat ein tiefes Leuchten, wenn ich das Zimmer betrat und ihm sanft über die Hände strich.
Oft schlief er danach sofort wieder ein.
Jeden Tag schien er weniger anwesend, weniger dem Leben verhaftet und dem Tod ein Stückchen näher gerückt.
Ich ging mit einem seltsamen Gefühl der Wehmut ins freie Wochenende. Vielleicht würde ich ihn nie mehr wieder sehen?

* * *

Doch Montag früh war er noch nicht gestorben ...
Die Sonne hatte sich hinter grauen Wolkenbänken verkrochen. Schwarz vor Nässe beugten sich die Äste des Baumes. Auf einem der Äste saßen zwei Vögel eng aneinander geschmiegt. Die Regentropfen rannen an Zweigen und Blättern entlang und perlten an ihrem Gefieder ab.

Voller Freude streckte mir Herr Kühl die Hände entgegen. Ich ergriff sie und war völlig überrascht: In ihnen steckte plötzlich eine Kraft, wie ich sie noch nie vorher bei ihm wahr genommen hatte.
Auf einmal keimte in mir eine völlig unrealistische Hoffnung auf: „Vielleicht wird doch noch alles gut?"
Lächelnd strich er über meine Hände und deutete auf den Stuhl neben seinem Bett.
Gleichzeitig stieg aber eine Angst in mir auf, - und - von ganz tief unten, eine dumpfe Ahnung. „Nein, dazu bin ich nicht in der Lage ..." Alles in mir machte sich bereit

zur Abwehr, wollte nicht wahr haben, was geschehen würde und wollte weg laufen, sich verkriechen.

„Tut mir leid ...“ Mühsam versuchte ich, meine plötzlich schwitzenden Hände aus seinem Griff zu lösen. „Ich kann mich jetzt nicht hin setzen. Wir haben zu viel zu tun ...“
„Verrat!“, brüllten seine Augen. „Ich hatte dir vertraut. Du darfst jetzt nicht gehen!“
„Tut mir leid“, stammelte ich und entzog mich seinen Händen, wich vor einem weiteren Körperkontakt zurück. „Tut mir leid. Es gibt noch so viel zu tun... Die viele Arbeit draußen ... Die anderen, sie warten bestimmt schon ... Ich muss jetzt ...“ Die Arbeit draußen erschien mir plötzlich wie ein Rettungsanker, an dem ich mich festhalten konnte und der mich fern halten würde von dem Geschehen im Zimmer. „Tut mir leid ...“
Er schloss die Augen. So, als ob er nicht sehen wollte, wie ich feige das Zimmer verließ und ihn damit verriet.

Schlecht und unkonzentriert verrichtete ich Routinearbeiten. Ständig fiel mir etwas hinunter, und meine Hände zitterten.
„Susanne, was ist los mit dir?“
„Herr Kühl... Ich glaube, er stirbt bald. Er wollte, dass ich mich zu ihm setze...“
„Wenn du dazu bereit bist und das auch möchtest, dann stelle ich dich von den Arbeiten hier draußen frei. Du musst es nur wirklich wollen ... Es ist deine Entscheidung, Susanne. Komm zu mir, wenn du so weit bist, dass du für einen Moment bei ihm sitzen möchtest. Und wenn du es nicht möchtest, dann finde

deinen persönlichen Grund dafür heraus. Erkenne, wovor du Angst hast, wovor du weg laufen willst ...“

Ich verkroch mich in den Spülraum und schrubbte dort an einem Toilettenstuhl herum.
„Wovor laufe ich davon? Wovor habe ich Angst?“ Mein Traum mit den Insekten fiel mir wieder ein. „Angst vor meiner eigenen Vergänglichkeit? Irgendwann werde ich auch sterben. Und dann? Wer wird dann bei mir sein, meine Hand halten? Was, wenn keiner Zeit hat für mich? Oder wenn alle Angst davor haben? Wenn es keiner wagt, diesen Schritt zu machen, zu mir hin, weil alle es noch nie vorher gemacht haben, weil das Neuland für sie ist. Unbekanntes, fremdes Land.“

Plötzlich begriff ich, dass ich einen Teil meiner Selbstachtung verlieren würde, wenn ich es jetzt nicht wagen würde, diesen Schritt zu machen.
Ein Schreck durchfuhr mich: „Hoffentlich bin ich nicht zu spät! Oder...“ Eine neue Angst stieg in mir auf: „...wenn er mich jetzt nicht mehr bei sich haben will...“

Ich ließ den halb fertig geputzten Stuhl stehen und eilte zur Stationsschwester.
„Schwester Hannelore, wenn ich darf, möchte ich jetzt gerne sofort zu ihm. Den Klostuhl mache ich später fertig.“
„Lass man gut sein, Susanne ...“ Lächelnd drückte sie mir ein frisches Teelicht und ihr Feuerzeug in die Hand. „Bleibe so lange, wie du möchtest.“

Zweifelnd sah er mich an.

„Bitte, ich möchte mich jetzt ein bisschen zu Ihnen setzen, wenn ich darf ..."
Nach einem anfänglichen Zögern nickte er. Hatte er Angst, dass ich ihn erneut im Stich lassen würde?
„Ach, Herr Kühl, es tut mir so leid, aber ich konnte vorhin nicht länger bleiben. Ich ... Aber jetzt bin ich da!"
Er nickte und lächelte mich an.
Es war gut.

<<Und als die Stunde des Abschieds gekommen war:
„Ach!“ sagte der Fuchs, „ich werde weinen.“
„So hast du also nichts gewonnen!“
„Ich habe“, sagte der Fuchs, „die Farbe des Weizens gewonnen.“
(Antoine de Saint- Exupéry: « Der kleine Prinz“)

* * *

Ich zündete das Teelicht an und stellte es in das Windlicht. Sanft schimmerte das Kerzenlicht durch das bläuliche Glas.

Danach setzte ich mich an sein Bett und streichelte seine Hand. Die Kraft von vorhin war wieder völlig aus ihr gewichen.
Ich spürte nur einen sanften Druck gegen meine Hand. So sanft wie die Berührung durch einen Schmetterlingsflügel.

Unsere Blicke trafen sich. Dann flatterten seine Lider und schlossen sich. Still saß ich da, streichelte seine Hand und lauschte seinen Atemzügen.

Gelegentlich öffnete er die Augen. So, als ob er sich vergewissern wollte, ob ich noch da war. Manchmal lächelte er dabei leise, bevor er die Augen wieder schloss.

Ich saß da, streichelte seine Hand und lauschte seinem allmählich versiegenden Atem.
Ab und zu tupfte ich ihm die Stirn ab, auf der sich kleine, kalte Schweißtropfen bildeten.

Zwischendurch kam mal jemand von den Schwestern herein, um zu schauen, ob ich abgelöst werden wollte. Aber ich wollte bleiben. Dies hier war jetzt mein Platz!

Irgendwann kam Schwester Hannelore ins Zimmer. Sie strich ihm sanft über sein Gesicht. Dann fühlte sie unter der Decke nach seinen Füßen.
„Da ist schon alle Wärme raus", flüsterte sie mir zu. „Es wird nicht mehr lange dauern." Sie verließ den Raum und kehrte mit einer Wärmflasche zurück, die sie ihm an die Füße legte. „Sag Bescheid, wenn dich jemand ablösen soll. Du kannst dann einfach klingeln. Ja?"
Ich nickte stumm.
Wenig später kehrte sie zurück, mit einer Decke und einer Tasse mit dampfenden Tee. Sie legte mir die Decke über die Beine und drückte mir die Tasse in die Hand. Dann wandte sie sich zum Gehen. An der Tür drehte sie sich noch einmal um zu mir: „Susanne, ich bin stolz auf dich!"

Später kam sie noch einmal wieder. „Du musst was essen gehen, Susanne."
„Bitte, ich möchte bei ihm bleiben ..."
„Ich löse dich so lange ab. Iß in Ruhe. Er wird auf dich warten. Versprochen!"
Schwester Hannelore hielt ihr Versprechen.

„Du kannst mich später noch anrufen, wenn du möchtest." Bevor sie ging, drückte sie mir einen Zettel in die Hand. „Zu jeder Zeit, Susanne."

* * *

Die Tür schloss sich hinter ihr, und wir beide waren wieder alleine.
Sein Gesicht veränderte sich. Ein helles Dreieck legte sich um seinen Mund.
Den Körper durchzog eine fremde Blässe, die nicht von dieser Welt zu sein schien.
Vorboten des Todes.

* * *

Der Abstand zwischen den Momenten, in denen er die Augen aufschlug und mich ansah, verlängerte sich zusehends.
Ein Ausdruck tiefer Entspannung breitete sich auf seinem Gesicht aus.

Die Kraft wich zusehends aus seiner Hand, verlor sich.
In meiner Hand schien ein äußerst zerbrechlicher Schmetterling zu liegen.

Der Brustkorb hob und senkte sich kaum noch, und die Atmung wurde zusehends flacher.
Erste Pausen traten ein, zwischen den einzelnen Atemzügen.

Bis schließlich die Augen geschlossen blieben.
Bis schließlich die letzte Kraft aus seiner Hand gewichen war.
Bis schließlich der letzte Atemzug seinen Körper verlassen hatte.

>> „Es wird dir Schmerz bereiten. Es wird aussehen, als wäre ich tot, und das wird nicht wahr sein. Es ist zu weit. Ich kann diesen Leib nicht mit nehmen. Er ist zu schwer. Man soll nicht traurig sein um solche alten Hüllen. Weißt du, es wird allerliebst sein. Auch ich werde die Sterne anschauen." >>
(Antoine de Saint Exupéry: « Der kleine Prinz")

* * *

Es war still.

Ganz still.

Im Zimmer.

Und auch in mir.

Die Geräusche aus der Ferne schienen nichts mit uns zu tun zu haben. Sie schienen einer fernen Welt zu entstammen.

Die Ulme war inzwischen eingehüllt von der Nacht.
Am Himmel blinkten die Sterne. Sie schickten ihr Licht aus der Vergangenheit zu uns auf die Erde ...

Ein letztes Mal strich ich zärtlich über die Hand und über sein Gesicht.

In mir war ein tiefer Frieden.
Und gleichzeitig spürte ich einen tiefen Schmerz, das Wissen um einen großen Verlust ...

„Und wenn du dich getröstet hast,

wirst du froh sein,

mich gekannt zu haben.

Du wirst immer mein Freund sein.“

(Antoine de Saint Exupéry:
Der kleine Prinz)

Wenn Trauer keine Sprache hat ... - DEPRESSION

Menschen haben unterschiedliche Bewältigungsmöglichkeiten, um den Tod eines ihnen nahen Menschen zu verarbeiten, wobei Kultur und soziales Umfeld eine große Rolle spielen.
Nach ca. einem Jahr haben Menschen, die gesunde Wege gefunden haben, um mit dem Verlust klar zu kommen, den Tod dieses Menschen überwunden und können wieder damit beginnen, ein eigenes Leben zu leben, in dem Trauer und Schmerz nicht mehr im Vordergrund stehen. Diese Menschen können dann zurückschauen auf das gemeinsame Leben mit dem Verstorbenen mit der Weisheit und dem Gefühl der Bereicherung, wie der Fuchs aus dem „kleinen Prinzen": „Ich habe die Farbe des Weizens gewonnen."
Doch nicht allen gelingt in unserer Gesellschaft, die so wenig an Trauerkultur hat, die Trauerbewältigung in dieser Zeit. Manche Hinterbliebenen bleiben irgendwo im Anfang der Trauerbewältigung stecken. Und dadurch werden sie krank, an der Seele, z.B., weil ihnen ihr eigenes Leben ohne diesen Verstorbenen so sinnentleert erscheint. „Depression" heißt diese Geißel, die nun, an Stelle der Trauer, das Leben bestimmt und davor schützt, sich dem Leben ohne diesen Menschen zu stellen und sich mit den Gefühlen auseinander zu setzen, die dieser Tod in einem ausgelöst hat.
Depression ist eine Krankheit, die mit psychotherapeutischer Unterstützung und Trauerbegleitgruppe und dem eigenen Willen, sich dem neuen Leben zu stellen, heilbar ist, wobei es ähnlich wie mit dem Krebs ist: je eher man sich dieses Geschwür heraus reißt und dann die offene Wunde hegt und pflegt, um so besser und leichter lässt sich die Krankheit heilen.

Sabine Marya

Ohne Abschied

Auf leisen Sohlen
Hat sich mein Herbst davon gestohlen.
An seiner Stelle hat sich - unbegrüßt -
Der Winter über das flache Land gelegt.

Ein kalter Wind aus Norden
Jagt schwarze Wolken durch die Nacht.
Fröstelnd sitze ich vor dem erkalteten Kamin.
Während Eis stumm rote Blätter überzieht.

In mir nur das Gefühl von Verlust.
Noch unvorstellbar,
dass es einen neuen Frühling geben könnte.
Schon bald... Auch für mich.

Depression - der Krebs der Seele ...

Die Depression greift auch nach den Angehörigen, die sich so einspannen lassen, dass sie sich selber verlieren, vielleicht, weil sie das Gefühl haben, sich kümmern und Verantwortung übernehmen zu müssen, den Freizeit- und Pausenclown zu machen und für eine Betreuung rund um die Uhr zu sorgen, so dass sie schließlich zur Miterkrankten werden.
Ängste und Hoffnungen wechseln sich ab, je nach Befinden des/ der Depressiven, bis die Tagesform des/ der Kranken schließlich das Befinden der Angehörigen bestimmt.
Doch in ihrer Sorge um den Kranken fällt ihnen nicht auf, das auch sie mehr und mehr in die Zahnräder der Depression geraten sind, die vielleicht anfangs gar nicht ihre eigene gewesen war und jetzt so sehr das Leben bestimmt.
Das wichtigste vergessen die Angehörigen dabei leider oft: die Sorge um sich selber!
Die vorrangigste Frage sollte nämlich für die Angehörigen jetzt erst einmal sein:

- Wie geht es mir mit der Depression dieses Menschen?

Und danach:

- Was an seinem Verhalten macht mich wütend?
- Womit fühle ich mich überfordert?
- Wodurch fühle ich mich eingeschränkt?
- Wie kann ich mich besser schützen?
- Wo kann ich mir für mich Hilfe holen? (Es gibt z.B. Angehörigengruppen + Beratungsstellen für Angehörige, Kontakte oft über Diakonisches Werk)

Und schließlich:

- Wie profitiere ich von der Krankheit dieses Menschen?
- Hilft es mir vielleicht dabei, mich nicht meiner eigenen Trauer stellen zu müssen?

Also: im Kontakt mit einem an Depression erkrankten Trauernden sollte immer die eigene Psychohygiene im Vordergrund stehen!

Genau so wichtig ist der Dialog mit dem Erkrankten, in dem ihm mitgeteilt wird, wie es einem selbst mit dieser Krankheit geht und wo man sich belastet fühlt, aber auch das Setzen von klaren Grenzen, um sich vor einer Überforderung zu schützen.

Depression ist eine Krankheit und gleichzeitig ein Weg, sich vor den Gefühlen des Verlustes zu schützen. Es ist die Entscheidung des kranken Menschen, ob er wegen dieser Krankheit zum Arzt geht oder nicht, wenn er erwachsen und ohne Vormund ist.

Das bedeutet: so lange keine Lebensgefahr besteht, darf dieser Mensch weder gedrängt noch ihm Versprechen abgerungen werden, zum Arzt zu gehen. Es reicht, ihm Adressen zu geben oder ihn auf Veranstaltungen hin zu weisen, die zu diesem Thema statt finden, ohne dies zu übertreiben.

Was dieser Mensch benötigt, ist in erster Linie Akzeptanz seiner Person und seiner Krankheit und das Angebot, so weit, wie möglich (wichtig: wie möglich!) da zu sein für diesen Erkrankten und ihn sein zu lassen, mit seinen Gefühlen.

Es hilft nicht zu sagen: „Was du da sagst, ist Blödsinn." Sondern eher: „Ich kann mir vorstellen, dass es belastend ist, ein solches Gefühl zu haben!" - denn dieses Gefühl, das ist da, und es lässt sich auch nicht wegleugnen. Es hockt da, wie ein böser Dämon, der sich fest gekrallt hat auf den Schultern und den

Menschen niederdrückt und mit sich hinab in die Tiefe reißt.
Helfen kann dem Kranken nur ein Mensch: er selber! Alle anderen sind Wegbegleiter.
Dabei ist dem erkrankten Menschen die Zeit zu lassen, die er benötigt, in diesem Heilungsprozess, und es ist ihm der Weg zu lassen, der eingeschlagen werden soll. Alles braucht seine Zeit!
Das schließt z. B. auch ein, dass es die Entscheidung der Hinterbliebenen ist, was mit den Sachen des Verstorbenen geschehen soll. Es ist Teil ihrer eigenen Trauerbewältigung, die verzögert ist, den Menschen gegenüber, die einen gesunden Weg der Trauerbewältigung einschlagen konnten.
Diesen Leidenden zum Beispiel die Sachen des Verstorbenen fort zu nehmen, weil es „gut gemeint" ist, bedeutet, die Person zu bevormunden, obwohl es ein erwachsener Mensch ist und bleibt, trotz der kranken Anteile in sich. Alles braucht seine Zeit, auch Trauer.
Der Weg aus der Depression ist ein dorniger, steiniger, und oft sind die Füße blutig und geschwollen, und wer einen Depressiven mit bloßen Füßen auf diesem Weg begleitet, holt sich selber blutige und geschwollene Füße. Aber die Wegbegleiter haben die Möglichkeit, sich festes Schuhwerk an zu ziehen. Sorgen Sie gut für sich, und holen Sie sich selber Hilfe und Unterstützung, zum Beispiel bei Freunden oder in einer Trauerbegleitgruppe oder bei jemand Professionellem.

Mit allen guten Wünschen,
Sabine Marya

Sabine Marya

November

Winterlich kahl
Ragen Blattlose Äste
In ein getrübtes Grau.

Zwei einsame Möwen
Ziehen Kreise über uns...
Stille!

Ungehört. Ihr schriller Schrei.
Verschluckt.
Vom Nebel.

Nur in der Ferne:
Eine Ahnung von

LICHT!

Danksagung:

Hiermit danke ich allen Menschen,
die die Entstehung dieses Buches
unterstützt haben.

Mein besonderer Dank
für das Lesen geht an
Heinz Körner und an Petra Pauls
und an die Mitglieder des Mörderquartetts
der Autorengruppe Colibri Schleswig!

Ein großes Danke geht an Didi
für die großartige Unterstützung.
Danke, liebe Didi!

Von ganzem Herzen danke ich
auch dem Sponsor:
Dawartz Bestattungen
Husum

Gib' dem Leiden Worte:
Trauer, die nicht spricht,
flüstert dem überlasteten Herzen zu
und reißt es entzwei.

William Shakespeare
(Aphorismus)

Liebe Leserinnen und Leser,

wenn Sie einen Menschen verlieren, der Ihnen sehr nahe stand, der vielleicht sogar der wichtigste Mensch in Ihrem Leben war, kann das Ihren Glauben an das Leben tief erschüttern.
Wie soll es weitergehen?? fragen Sie sich.
Wie kann ich jemals wieder einen Sinn in meinem Leben finden?

Vor Ihnen liegt ein langer Weg durch die Trauer - er ist einer der schwersten, den Sie in Ihrem Leben gehen müssen. Es wird viel Zeit vergehen, bis Ihr Tag wieder Licht hat, bis Sie sich wieder in der Welt, auch wenn sie nicht mehr dieselbe ist, zurechtfinden und spüren:
Ich habe trotz alledem eine lebenswerte Zukunft vor mir.

Die Begleitung von trauernden Angehörigen ist ein fester Bestandteil unserer Arbeit:
unsere Trauerbegleiterin bietet Ihnen an, einen Teil des Weges mit Ihnen zu gehen, in Einzelgesprächen oder in einer Gruppe.

Außerdem haben wir eine große Auswahl an Büchern zu den Themen Sterben, Tod und Trauer, die Sie sich ausleihen können.

Sie erreichen uns telefonisch unter 04841/89010 oder info@dawartz-bestattungen.de;
weitere Informationen finden Sie auch auf unserer Homepage: www.dawartz-bestattungen.de.

Alles hat seine Zeit:
Geboren werden und sterben
Weinen und lachen
Wehklagen und tanzen
Sich umarmen und sich aus der Umarmung lösen

Über die Autorin:

Sabine Marya wurde 1962 geboren und lebt mit ihrem Mann und ihren beiden Söhnen in Nordfriesland.

Bisherige Veröffentlichungen:
„Wie ein Schrei in der Stille“ (Thriller, Fischer TB),
„Schmetterlingsfrauen - ein Selbsthilfebuch für Frauen mit multipler Persönlichkeit“ (Frauenoffensive),
„Wenn sich der Nebel lichtet - Frauen erleben und überleben Depression“ (Frauenoffensive),
„Pflege hat viele Gesichter - ein Selbsthilfebuch für privat und beruflich Pflegende“ (Autorenverlag Artep),
„Hand in Hand - ein Selbsthilfebuch für FreundInnen, PartnerInnen und BegleiterInnen von Frauen mit multipler Persönlichkeit“ (Autorenverlag Artep, die Einnahmen gehen an den Frauennotruf Nordfriesland)
„Das Regenbogenland-Buch“, Kinderbuch für Innenkinder, gemeinsam mit Didi Lindewald (Autorenverlag Artep)
„Lebenslänglich! - Überlebende von Vergewaltigung schreien auf“ - Anthologie, Hrsgb. (Artep-Verlag), Einnahmen gehen ins Bittere Tränen-Projekt
Veröffentlichungen in Anthologien & Zeitschriften, z.B.: „Glück zu verschenken“ (Artep-Verlag)
In Arbeit: „Rote Tränen“ - ein Buch zum Thema Selbstverletzendes Verhalten,
neue Gemeinschaftsprojekte mit Didi Lindewald in Arbeit: „Lyrische Melancholie - Lyrik und Bilder“ & „das Zauberlandbuch“ - ein Kinderbuch zum Thema: „Ich bin richtig!“

Homepage der Autorin: **www.marya.de**